AF430136

EN HONOR AL FUEGO

Diego Perez Zoccoli

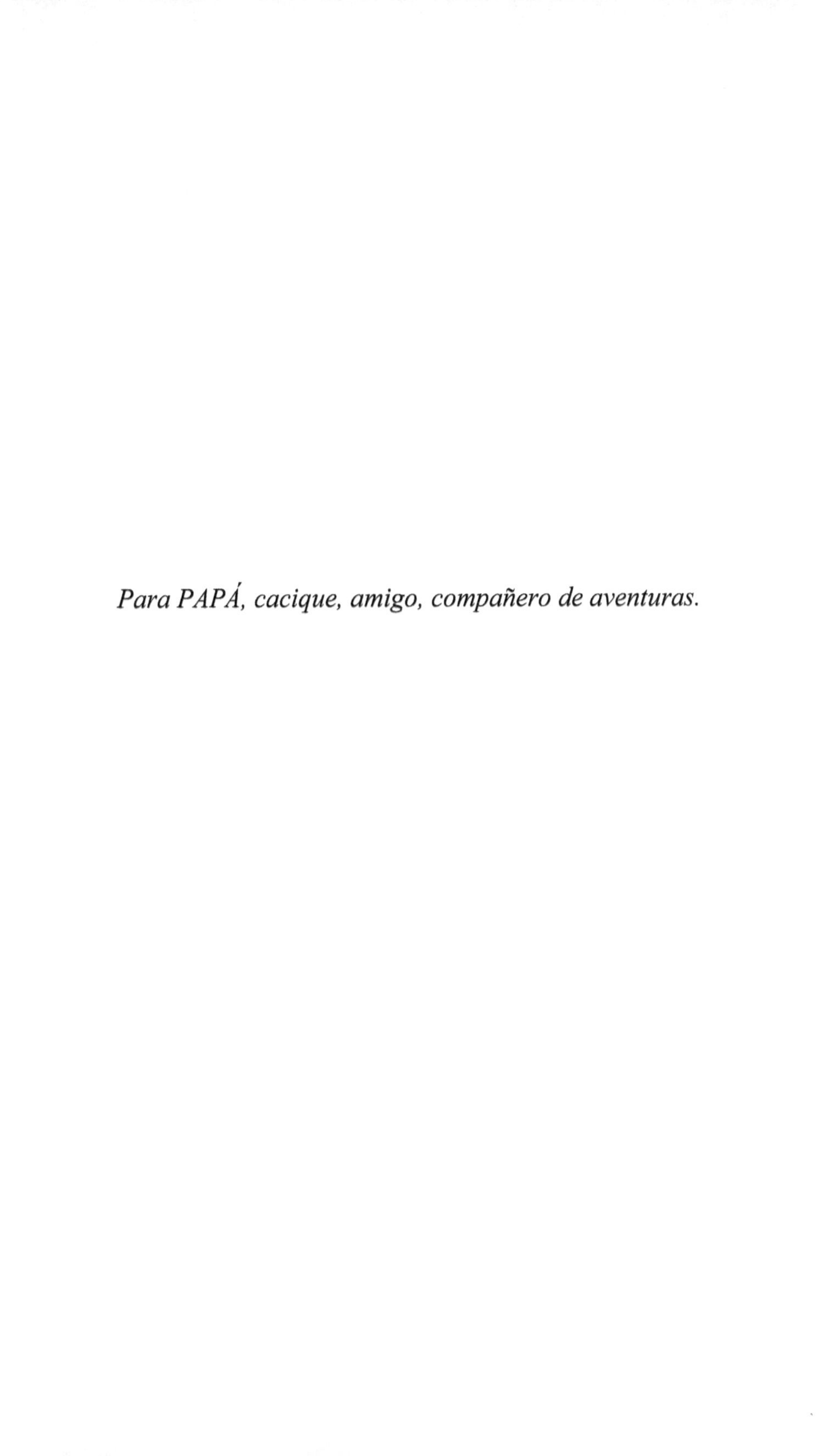

Para PAPÁ, cacique, amigo, compañero de aventuras.

PRÓLOGO

Corazones hermanos bombean al unísono la misma sangre por nuestras venas; su fuerza impulsa dos canoas, también hermanas, río abajo. Se deslizan en silencio, a paso firme, pero sin imponerse sobre su entorno natural.

Cuatro remos alternan su existencia entre dos mundos. Sobre el agua, vieron nubes adoptar las más diversas formas y colores; sirvieron de tambor a cargadas gotas de lluvia y sintieron el intenso calor del sol y el místico brillo de la luna. Bajo el agua, la conocieron íntimamente; furiosa, majestuosa, agitada, y otras tan calma que su reflejo fusionó cielo y tierra.

Cuatro remos empuñados por compañeros de aventuras, que nos reunieron tantas veces alrededor de las queridas llamas del fuego. Ellas guardan para siempre cuentos, músicas, reflexiones y aventuras compartidas.

Éstas son las historias que guardan...

~ CAPÍTULO I ~

PRIMEROS PASOS

El Arroyo Pando nace en la Cuchilla Grande, una cordillera de cerros bajos, que cruza Uruguay de este a oeste por el sur del Río Negro. Pasa junto a la ciudad de Pando, de la cual obtiene su nombre y desemboca en el Río de la Plata. Antes de la desembocadura, hay una pequeña playa, donde unos novatos del canotaje, hace ya muchos años atrás, aprendimos los fundamentos básicos; cómo sostener el remo, cómo dirigir la canoa, pero por sobre todas las cosas, ¡que te vas a mojar!

Todavía me acuerdo de las risas de papá cuando nos vio entrar al agua de puntitas de pie esperando subirnos a la canoa sin mojarnos... Parecíamos aquellas señoras de clase alta de mil ochocientos, sosteniendo sus voluminosos vestidos con la punta de los dedos mientras subían al carruaje.

Papá, conocedor en el tema náutico, en su juventud construyó canoas de madera en el club ACAL, ubicado en la playa Malvín en Montevideo, y fanático de los campamentos y actividades al aire libre, nos enseñó cómo desenvolvernos (está bien, ¡sobrevivir!) en éste ambiente que era nuevo para nosotros. Sus técnicas a veces podían ser vistas como poco ortodoxas... Éstas, incluían el ocasional golpecito de remo en la cabeza, que casualmente coincidía con aquellos momentos en los que el ambiente en la canoa se caldeaba un poco, pero éstas "técnicas motivacionales" serán motivo de otro capítulo.

En ésta playa, se pueden ver todo tipo de embarcaciones, kayaks, botes inflables, alguna moto de agua y por supuesto canoas, las que se podían alquilar por hora. Fue precisamente en éstas últimas donde dimos nuestros primeros pasos...

- Hernán, agarrá el remo así -dijo papá desde la popa, mostrándole cómo él sujetaba el suyo.

Andrés y yo, sentados en el medio, giramos nuevamente hacia adelante para ver en acción esta nueva indicación de nuestro maestro. Era la segunda instrucción, y empezábamos a hacernos una idea de cómo sería asistir a un partido de tenis, de tanto mirar para atrás y adelante.

Nos alejamos cada vez más de la orilla, y a medida que avanzábamos arroyo arriba en dirección hacia el puente de la ruta Interbalnearia, papá enseñaba a sus inexpertos marineros de agua dulce.

Aprendimos que el que va sentado atrás, en la popa, es el timonel, el que dirige hacia dónde va la canoa y el que va adelante, a pesar de ayudar también en la dirección, más que nada es el que aporta la fuerza para impulsarla.

Con el tiempo y práctica aprendimos muchos otros detalles más y hasta practicamos "darla vuelta", que consistía en inclinarnos lo suficiente para que esa borda se hundiera e inundara la canoa (haciendo que sus tripulantes terminaran en el agua por supuesto). Toma un tiempo perderle el miedo a darse vuelta, pero cuando se practica un poco, ¡después hasta resulta muy divertido! Volver a bordo no es complicado, pero requiere de trabajo en equipo. Se coloca una persona en la proa y otra en la popa con la canoa como "de sombrero". Tomando las bordas con cada mano, hay que levantarla para vaciar el agua y virarla con energía hacia un lado (ese detalle, por ejemplo, nos faltó coordinar la primera vez). Para subir, sólo es necesario que alguien haga contrapeso del lado opuesto al que se va a usar para volver a bordo. ¡Las veces que pusimos en práctica esto!

Arroyo arriba, sentados en el borde de un muelle de piedras, dos muchachos esperaban tranquilamente que algún

pez se acercara a sus boyas. Al ver la canoa, nos saludaron levantando una mano.

- ¿Y? ¿Pica algo? -preguntó papá.

El muchacho de aspecto más joven estaba por responder, cuando su boya desapareció bruscamente bajo la superficie.

- ¡Hasta ahora no había picado nada! -dijo riéndose mientras recogía la línea a toda velocidad.

- ¡Más despacio! -dijo el amigo- ¡se te va a soltar si enrollás la línea así!

A pocos centímetros de la superficie, se hizo cada vez más nítida una silueta plateada que no paraba de moverse y quebrando la calma de la superficie, surgió un hermoso pez todavía dando batalla.

- Nos dieron suerte muchachos, ¡ahora por cábala se van a tener que quedar!

Riéndonos, les deseamos suerte y continuamos en dirección hacia el puente de la ruta Interbalnearia que cruza el arroyo justo antes del peaje viniendo desde Montevideo.

Al acercarnos, tuvimos que rodear un banco de arena por la derecha para no quedar encallados y nos dimos cuenta de lo bajo que estaba el cauce del arroyo. Los pilares del puente, generalmente sumergidos, asomaban varios centímetros sobre la superficie del agua. Bajo el puente, se escuchaba el "tum tum, tum tum, tum tum" que hacían las ruedas de los autos al pasar por las uniones del asfalto. Del otro lado, se podía ver cómo abruptamente el arroyo se ensanchaba al doble o triple de su tamaño y curiosamente de la misma forma aumentaba la intensidad del viento. Pequeñas olas ahora cubrían toda la superficie y dificultaban nuestro avance.

- ¿Les parece que damos la vuelta chicos? -dijo papá mientras lentamente hacía virar la proa de la canoa nuevamente en dirección hacia el puente- de éste lado hay mucho viento

y nos vamos a cansar mucho -dijo haciendo énfasis en el "nos". Andrés y yo, que continuábamos cómodamente sentados en el medio disfrutando del paisaje, nos miramos divertidamente, e identificados con el comentario, giramos para mirar burlonamente a papá.

- Ya que no están remando -dijo con una sonrisa asomándosele en los labios- ¡mójense un poquito! -al tiempo que usaba el remo para salpicarnos con agua del arroyo.

Nuestras risas hicieron eco a medida que cruzábamos otra vez bajo el puente y ésta vez, con el viento a favor, pusimos rumbo nuevamente a la playa, que a cada minuto, quedaba más y más pintada con los colores del atardecer.

~ CAPÍTULO II ~

LLEGADA DE LA VERDE

Para Hernán y para mí fue una gran sorpresa, no así para Andrés, que fue cómplice en la compra de la que se convertiría en una gran compañera de aventuras.

Era un día típico de final de semana en Montevideo. El ritmo de la ciudad había disminuido y muy pocas personas circulaban por las calles. De tanto en tanto aparecía alguna feria callejera con sus típicos puestos de frutas y verduras, quesos frescos y especias, todos anunciados como los mejores de la ciudad. El Volkswagen Gol color beige, contagiado de ese ritmo de domingo, avanzaba tranquilamente con rumbo oeste en dirección al Cerro de Montevideo.
- Podríamos comprar unas pastas para el almuerzo, ¿no? - dijo papá mientras esperaban que la luz del semáforo les permitiera continuar su viaje.
Las personas cruzaban de un lado a otro frente a ellos llevando todo tipo de cosas, adquiridas en la feria que atravesaba la avenida.
- ¡Uhhh! -fue lo único que se le escuchó a Andrés, desde el asiento del acompañante, en clara señal de que aprobaba la idea.
Se encendió la luz verde y el motor del Gol aumentó suavemente sus revoluciones. Andrés siguió con la mirada, cómo se alejaba un puesto de venta de quesos abarrotado de gente.
- Ya que estamos, estaría bueno comprar también un quesito parmesano -dijo casi saboreándose.
Fue el turno de papá de asentir con la cabeza, mientras palmeaba amistosamente la pierna de su hijo.
Minutos más tarde estacionaron bajo la sombra de un gran árbol en una tranquila calle del Cerro. La dirección que te-

nían no correspondía a ninguna gran fábrica de embarcaciones, sino, a lo que parecía una modesta casa de familia. Con cierta desconfianza tocaron el timbre e instantáneamente escucharon ladridos provenientes del fondo de la casa. Por el umbral de la puerta principal, asomó un señor de unos sesenta años que inmediatamente les extendió una sonrisa.

- Buenos días, hablé con usted la semana pasada sobre la compra de una canoa.

- Ah, sí, mucho gusto, usted es Luis, ¿verdad?

- El mismo -dijo papá sonriendo. Señaló a Andrés. - Éste es uno de mis hijos mayores.

- Mucho gusto, pasen nomás, las canoas están en el fondo. No se preocupen con Gato, es excesivamente cariñoso.

- ¿Qué gato? -preguntó Andrés buscando al felino.

- Mi perro. ¡Se llama Gato! -dijo el veterano riéndose.

- ¡Qué original nombre para un perro! -dijo papá.

- ¿Verdad que sí? -y continuó riéndose mientras los dirigía al fondo de la casa. Claramente disfrutaba mucho de lograr esa reacción en las personas e inmediatamente les cayó bien.

Detrás de la casa había literalmente un pequeño puerto en tierra firme. Kayaks y canoas de todos colores, remos, chalecos salvavidas, etc.

- Me había pedido una canoa verde, ¿no?

- Eso es. Y ¿sabe qué?, vamos a llevar también un par de esos remos blancos que tiene ahí y unos chalecos.

- ¡Cómo no!

Entre los tres colocaron la canoa en el techo del Gol, asegurándola al porta equipajes con cuerdas. Aseguraron la proa y popa a los extremos del chasis con pulpos elásticos y por último los dos remos a un costado de la canoa.

- Muchas gracias y que la disfruten -dijo el veterano estrechando con fuerza la mano de papá.

- Gracias, seguro le vamos a dar buen uso -dijo papá con ojos de muchacho joven.

Sonó brevemente la bocina del auto y Andrés vio al veterano saludar con una mano mientras daba la vuelta y volvía a entrar en la casa seguido de Gato que movía la cola alegremente.

Minutos más tarde, los cuatro estábamos admirándola en el garage de casa, dándole suaves golpecitos y pasando la mano sobre la superficie pulida de fibra de vidrio. Sin saber muy bien de lo que sería capaz, ni de lo que nos esperaba más adelante, más emocionados por la novelería que otra cosa, el cuarto y más experimentado integrante de esa joven tripulación, sabía muy bien de lo que era capaz, ya pensando en las posibilidades que descansaban sobre ese casco alargado verde oscuro.

Es sabido entre los marineros que es de mala suerte usar una embarcación sin nombre, sin embargo, en vista de que nuestras ansias de arrojarla al agua superaban ampliamente nuestra capacidad creativa en ese momento (y en varias semanas sucesivas para ser sincero) hicimos caso omiso a ésta vieja superstición, después de todo, ¿qué podía pasar?, se trataba de una simple canoa, no un transatlántico; imaginamos que la superstición debería ser algo así como proporcional al tamaño del navío.

Nuestra primera, y posteriores tres salidas "canoeras" sin embargo, nos demostrarían que podríamos haber estado equivocados...

~ CAPÍTULO III ~

LA MALDICIÓN

Un hermoso día soleado nos dirigimos a estrenar nuestra embarcación al Arroyo Solís Chico. Los cuatro equipados con chalecos salvavidas, nos alejamos de la orilla y comenzamos a navegar hacia la desembocadura del arroyo. A medida que nos acercábamos al punto donde el Solís Chico se une al Río de la Plata la corriente se hizo cada vez más fuerte. Muy pronto, nos dimos cuenta que era necesario volver o no íbamos a tener suficiente "poder de remo" para hacerle frente a la cada vez más intensa corriente. La proa dibujó sobre el horizonte un giro de ciento ochenta grados y Andrés, en la proa, junto con papá, en la popa, pusieron todo su esfuerzo en cada remada. Quedó claro bastante rápido quién iba a ganar la pulseada... En el asiento del medio, Hernán y yo asistíamos impotentes cómo el Río de la Plata se acercaba, a pesar de los remazos (¡a ésta altura furiosos!) de Andrés y papá. Conscientes de que no iba a ser por nuestros propios medios que conseguiríamos ganarle al arroyo, le pedimos ayuda a un muchacho que andaba en moto de agua. Se acercó, le explicamos lo que sucedía sin parar de remar un segundo y logramos tirarle un cabo (en lenguaje náutico así se refiere comúnmente a las cuerdas) el que ató a su moto de agua, quedando así unido a la canoa por la proa. Éste muchacho, a pesar de estar bien intencionado, me da la sensación que desconocía lo que generalmente sucede al colocar una canoa paralela al sentido del oleaje... (al igual que nosotros hasta ese día) ¡Ahá, los cuatro chalecos salvavidas estrenados al mismo tiempo! Andrés y yo logramos agarrarnos a la canoa y el muchacho nos remolcó a la orilla. Hernán y papá fueron arrastrados pasada la desembocadura del arroyo hacia el Río de la Plata.

Por suerte, no pasó mucho tiempo antes de que fueran rescatados por otra moto de agua, pero esos minutos de espera

los preocupó. Las olas eran bastante grandes y por como cayeron al agua nunca pudieron agarrarse y mantenerse unidos. Estaban a poca distancia uno del otro, pero el oleaje impedía que se mantuvieran mutuamente a la vista, además de poner a prueba la flotabilidad de los nuevos chalecos salvavidas.

Hernán respiró aliviado cuando escuchó la voz de papá por sobre el ruido de las olas.

- ¡Ahí viene la moto de agua Hernán! ¡Quedate tranquilo que estamos bien! -dijo papá levantando su mano derecha con el pulgar extendido.

La moto Yamaha se acercó primero hacia donde se encontraba Hernán, disminuyendo su velocidad. El muchacho lo ayudó a subirse lo más rápido posible antes de que una gran ola que se acercaba los tumbara al agua.

- ¿Estás bien pibe? -preguntó claramente preocupado.

- Sssí... nos asustamos porque la corriente nos llevaba mar adentro -respondió mientras se terminaba de acomodar en el asiento.

- Agarrate bien de mi chaleco. No quiero que termines en el agua de nuevo por mi culpa -dijo con una sonrisa intentando hacer sentir mejor a su pasajero.

- ¿Listo?

Con sus brazos alrededor del chaleco de su rescatista levantó el pulgar derecho en señal de que estaba listo.

- Bueno, vamos a buscar a tu viejo.

El poderoso motor Yamaha rugió echando espuma detrás de ellos y dejó una estela blanca en dirección al segundo náufrago que les hacía señas con el brazo para que lo vieran.

- Muchísimas gracias. ¡Menos mal que estabas cerca con tu moto de agua! -dijo papá una vez de nuevo en la playita del Solís Chico.

- De nada muchachos, qué bueno que andaban todos con chaleco, no es muy común eso.

Papá estrechó su mano y le agradeció nuevamente. La moto se alejó y papá se volvió hacia nosotros.

- Ahora viene la parte difícil -dijo sonriendo claramente aliviado de ver que estábamos todos bien.

Lo miramos sin entender qué quería decir.

- Ahora le tengo que explicar qué pasó a su madre.

Si esa primera salida nos hizo pensar que, después de todo, lo de la superstición podía tener algo de cierto, los siguientes acontecimientos hicieron que la búsqueda de un nombre fuera una prioridad si queríamos parar de sufrir.

Ésta vez, el Arroyo Pando, fue el escenario de una tarde espectacular. Lo recorrimos arroyo arriba, perfeccionamos nuestras destrezas en el arte del remo, disfrutamos del silencio ensordecedor de la naturaleza desde la mitad del río y cerramos la tarde con algún pastelito de membrillo y torta fritas.

Cuando los colores rojizos y dorados del atardecer dieron paso a las primeras picaduras de mosquitos, supimos que había llegado la hora de emprender el regreso a casa. Canoa, equipos, remeros y menesteres cargados en el auto, el motor cobró vida.

- ¿Por qué no nos movemos? -se escuchó desde el asiento trasero

Las ruedas delanteras, estacionadas sobre arena blanda, se enterraban más y más con cada intento de retrocederlas.

- Chicos, les tengo una misión muy importante... -dijo papá en su ya conocido tono "medio en broma medio en serio". No fue necesario que desarrollara esa idea. Nos bajamos resignados colocando las manos en la parte delantera del capó

del Gol. Las ruedas no estaban derechas y cometí el error de colocarme estratégicamente de frente a una de ellas...

- ¡A la cuenta de tres empujen!

- Uno...dos... ¡tres!

Empujando con todas nuestras fuerzas escuchamos el motor acelerar furiosamente sin ningún efecto. Bueno, casi ningún efecto... En segundos desaparecí bajo una avalancha de arena. El motor se detuvo, y empezaron las risas.

- ¡No se rían idiotas, creo que hasta tragué un poco! -dije riéndome mientras escupía media playa de vuelta a su lugar.

- No lo vamos a sacar nunca así, necesitamos algo para que haga tracción, alguna tabla de madera, no sé -dijo Andrés mirando alrededor.

Hernán se alejó unos pasos y volvió sujetando algo.

- ¿Ésta sirve? -dijo arrastrando un gran tablón viejo.

- Grande Hernancito -papá se había bajado del auto. Se hincó al lado de la rueda delantera y sacó con las manos la mayor cantidad de arena que pudo del lado donde sería colocado el tablón. Lo puso en posición y se levantó sacudiéndose la arena húmeda que se le había pegado en las manos.

- Probemos sin empujar adelante a ver qué pasa. Además, así evitamos que sigan degustando nuestra geografía... -me miró burlonamente.

- Ja... -respondí sarcásticamente al tiempo que me sacudía la cabeza de lado, sacando (esperaba) los últimos granos de arena de los oídos.

Papá se ubicó detrás del volante y sin cerrar la puerta aceleró de a poco el motor. El tablón encajó firmemente bajo la rueda y el Gol, luego de media hora, se liberaba de su prisión arenosa.

Días después, disfrutamos de un día de fin de semana similar en el Arroyo Pando. Terminado el ritual de cargar la

canoa al techo del auto, guardar chalecos, sillas plegables, etc., nos limpiamos la arena de los pies y nos acomodamos en el asiento de atrás sobre toallas; era hora de volver a casa. Ésta vez, el auto ni se movió, el motor estaba en silencio y el único ruido que interrumpía a la sinfonía de grillos era la llave de encendido girando en su lugar.

- ¡Ahhh no!, ¡esto es joda!

Ese modelo de Gol, no tenía buenas luces delanteras, por lo que papá le había hecho instalar unos faros halógenos entre los faros delanteros que iluminaban mucho mejor. Venían con unas cubiertas de plástico, que los tapaban tan bien, que era casi imposible darse cuenta si estaban encendidos, mucho más durante el día. Quedado encendidos toda la tarde y chau chau batería. Sin ningún otro vehículo cerca que pudiera hacernos "puente" llamamos al auxilio y esperamos.

Los colores del atardecer daban paso a las primeras estrellas en el cielo. El único poste de luz del lugar atraía todo tipo de insectos al punto de parecer un denso enjambre de abejas.

Antes de que desaparecieran las luces del día vimos llegar el camión del servicio de auxilio. Un hombre robusto, de facciones amigables se bajó del vehículo e intentó ahuyentar en vano los insectos que inmediatamente se abalanzaron sobre él tan pronto se bajó del camión.

- Buenas tardes. Son los que llamaron por la batería ¿verdad? -dijo con un marcado acento del interior del país, al mismo tiempo que se acomodaba la camisa del uniforme dentro del pantalón tamaño XL. Estrechó la mano de papá y se inclinó sobre el capó abierto del Gol levantando la visera de la gorra.

- No se preocupen. Enseguida le damos una patadita de corriente y la echamo' a andar -dijo sonriendo.

Antes de darnos cuenta el arroyo Pando quedaba atrás junto con otra anécdota de la muy comprobada maldición náutica.

~ CAPÍTULO IV ~

BAUTISMO

~ CAPÍTULO IV ~

BAUTISMO

Convencidos, no sólo de la existencia de la maldición, sino también de que no hace distinción por tamaño de embarcación, era hora de ponerle un nombre a la hasta entonces "canoa verde". ¿Y qué mejor para fomentar la creatividad que un largo viaje en auto, en el que lo único que cambia es el tono de verde que se ve por las ventanas?

Era pleno verano y teníamos rumbo norte hacia Brasil. Nos gustaba mucho el litoral sur y teníamos la suerte de poder pasar unos días de vacaciones en la tierra *do samba*, la *caipirinha*, el fútbol y la alegría.

Nuestro Volkswagen Gol, viejo compañero de aventuras, para ese entonces había cumplido un ciclo y lo reemplazó una linda camioneta Mitsubishi color verde oscuro, que, a pesar de ser usada, estaba en perfectas condiciones (sin tener en cuenta el tapizado extra de pelo de perro en sus asientos).

Aburridos luego de varios minutos de jugar "veo veo", en el que había que ser muy creativo, para encontrar algo diferente a un árbol, un poste de luz o una vaca (no existían los DVD portátiles ni los *tablets*), se planteó el desafío del nombre y comenzó la tormenta de ideas.

Las líneas de la carretera se alternaban entre el blanco intermitente y el amarillo continuo y los kilómetros se acumulaban en el tablero de la Mitsubishi.

Fernando, el más pequeño integrante de la familia, se entretenía con sus muñecos de acción, piezas de Lego y las no poco frecuentes morisquetas de sus hermanos.

El resto, absortos en la búsqueda de un nombre, pensábamos mientras veíamos serpentear la ruta BR 101 del litoral brasilero.

Fueron varios los nombres que surgieron en el camino, la mayoría de ellos poco serios, al igual que el clima dentro de

la camioneta. "Flema", "Camalote" y "La Cotorra" son algunos ejemplos de sugerencias que sabíamos no tenían otra intención que hacernos reír. Fer tuvo que aguantar la respiración gran parte del resto del viaje ese día para detener el hipo que le causaron sus carcajadas luego de escuchar a papá sugerir "La Cotorra".

Para mí, el nombre tenía que estar relacionado a la familia y tras varios intentos llegué a uno que me sonó bien, pero necesitaba la aprobación democrática de todos...
- ¿¡"DAHFIL"!? -dije, tal vez demasiado enérgicamente, sobresaltando a mis compañeros del asiento trasero.
- ¿Eso fue una idea de nombre o encontraste una nueva forma de estornudar? -dijo Hernán sarcásticamente sin levantar la vista de una revista. Fer explotó en carcajadas y le volvió el hipo que segundos antes había logrado parar.
- No, idiota -respondí casi evitando reírme de la original respuesta- sí, "DAHFIL", Diego, Andrés, Hernán, Fernando, Ilianna y Luis.
- No le gana en originalidad a lo que te contestó Hernán, pero me gusta -dijo Andrés palmeándome la cabeza como si sufriera de retraso mental.
- A mí también -dijo papá mirándonos por el espejo retrovisor.

DAHFIL sería.

~ CAPÍTULO V ~

A BORDO DE LA DAHFIL

Río ROSARIO, Colonia.

La foto (pág. 43) no le hace justicia a Andrés y Hernán, porque van de polizontes en el asiento del medio, pero confieso que es mi preferida.

Papá en la popa, quedó inmortalizado tal cual era, transmitiendo aliento, enérgico, tomando el remo con seguridad y a medio recorrido hacia atrás, nunca dejando de dirigir a su tripulación. Honestamente, en la foto es el único verdadero tripulante, el resto estábamos posando.

Si bien, durante la travesía nuestra embarcación fue objeto de curiosas miradas producto de la notoria superpoblación, nos fue bastante útil al momento de la carrera (más "partido amistoso" que carrera). Se organizó unos metros antes de la llegada al campamento el primer día. La DAHFIL, al cruzar la boya que marcaba la largada, se transformó en un verdadero barco vikingo, avanzando a buen ritmo impulsada por cuatro "caballos de fuerza". Siendo que terminamos fuera de los diez primeros lugares (no digo veinte o treinta por orgullo propio) adecuaré la denominación de potencia de nuestra embarcación a "caballitos de fuerza".

Río QUEGUAY, Paysandú.

La modalidad de la travesía era la típica; la largada era un sábado temprano, parando a la tarde en la mitad del recorrido planificado, para acampar y pasar la noche. A la mañana del domingo, vuelven las canoas al agua, finalizando la travesía más o menos a la misma hora de la tarde anterior.

En un punto del río, nos topamos con un gran salto de agua que imposibilitaba pasarlo navegando. No recuerdo si

se formó porque el cauce estaba bajo o si siempre estaba ahí, lo cierto es que, la única forma de seguir viaje era bajarse de la canoa y sortear el salto a pie por el margen izquierdo del río. Como la diferencia de altura no era menor, usamos las cuerdas que siempre llevábamos a bordo para bajar la canoa de forma segura (empezábamos a entender por qué papá sabiamente había insistido en que fueran parte del equipo mínimo).

Esa tarde de sábado, ya en el campamento, mientras disfrutábamos de los manjares que la organización había preparado, unos colegas nos contaron una anécdota del encuentro con el salto de agua.

Un grupo de cuatro amigos, distribuidos en dos canoas, iban a la cabeza de la caravana cuando divisaron el salto de agua. A lo lejos les pareció que podían atravesarlo sin mayores inconvenientes, por lo que se retaron a una carrera para ver quién lo pasaba primero.

"La morocha" ganó terreno sobre "La mojarrita" y Álvaro y Martín ya estaban festejando el triunfo sobre Felipe y Gastón cuando faltando pocos metros se dieron cuenta que, si bien la caída no era pariente cercano de la familia Iguazú, iba a ser un intrépido salto hacia lo desconocido. Álvaro, en la proa gritó- ¡¡¡Pará Martín!!! -clavando los remos en el agua justo a tiempo para detener la canoa antes del salto. Felipe y Gastón, los veteranos del grupo, estaban paraditos en la orilla del río sujetándose de unos juncos... y muertos de la risa.
- ¡Pensamos que seguían de largo! ¡¿No les avisamos del salto de agua?!...

Álvaro, todavía hiperventilando un poco, explotó en un torrente de improperios, al tiempo que lanzaba de a una, un kilo de naranjas hacia la embarcación de sus amigos (le apuntaba A sus amigos).

El domingo fuimos de los últimos en terminar de levantar campamento y volver al río.

Alrededor del mediodía alcanzamos la desembocadura del Queguay, punto en el que continuaríamos navegando por el río Uruguay hasta la ciudad de Paysandú. Justo ahí, se encontraba anclado un velero blanco de un sólo mástil que estaba siendo literalmente acorralado por canoas. Al acercarnos descubrimos con alegría que se debía a que los muchachos de la organización a bordo del velero, distribuían a los voraces canoeros, milanesas al pan de una pinta espectacular (probablemente acentuada por el hambre que ya reinaba a esa hora).

Con renovadas fuerzas luego del inesperado banquete, divisamos a la distancia nuestro destino y aliviados nos pareció que en muy poco tiempo llegaríamos a Paysandú.

¡Qué largo se nos hizo!... El río Uruguay, en ese tramo de su recorrido es relativamente ancho, y da la sensación de avanzar muy poco, en comparación con los ríos angostos, en los que uno ve pasar la vegetación en las márgenes a una velocidad decente.

Arroyo SAN CARLOS, Maldonado.

El grupo lo conformábamos nuestra tripulación de siempre, nuestros amigos Tabaré y sus hijos Sebastián, Santiago y Natalia, dos muchachos del Grupo Exploradores Uruguay y Néstor, un muchacho que, a diferencia del resto, iría en su kayak "zapatito" de correr olas (se diferencian de los kayaks de competición más veloces, porque éstos son más cortos y sin quilla).

El primer día transcurrió sin mayores novedades y terminamos nuestro recorrido bajo el puente de la ruta nueve que pasa sobre el arroyo San Carlos (lo sé, una onda muy *homeless*, pero a efectos prácticos resultó ser un lugar tan bueno como cualquier otro).

Sebastián, antes de siquiera comenzar a armar campamento, cosa que generalmente es lo primero que se hace, se propuso abrir una lata de atún para saciar su apetito. No solo perdió la batalla contra la aparentemente indestructible lata de atún... Al terminar de armar las carpas, seguía sentado en la tarrina de plástico, de lengua afuera, dándole vueltas a la lata a medio abrir, buscando un ángulo que le permitiera liberar el atún, ¡sino que la que tuvo que terminar de abrirla fue su hermana Natalia! ¡La pelea que habrá dado ese atún pa' pescarlo!

Siendo consistentes con la falta de *glamour* del lugar, siendo que obviamente no teníamos duchas ni nada que se le asemejara, nos dimos todos un buen baño de río. Enjabonarse era fácil, dentro de la canoa, aprovechando a darle una pasada a ella también. Enjuagarse, era mucho más fácil, zambulléndose en el río. Una vez limpios (sí, limpios, ¿por dónde creen que navegábamos?) comenzamos los preparativos para la cena. Compartimos anécdotas, bebidas y hablamos de cómo sería el día siguiente.

Durante ese día, hubo varios indicios que confirmaron a la noche, que los bromistas del grupo eran los exploradores. Mientras comíamos, escuchamos un ruido en unos arbustos que crecían directamente bajo el puente. Santiago, el hijo menor de nuestra familia amiga se dio vuelta sobresaltado.
- ¿Escucharon eso? -dijo buscando casi desesperado el origen del ruido.

Los exploradores intercambiaron miradas de complicidad. Uno de ellos volvió a tirar una piedra hacia los arbustos.
- ¡Otra vez!
- Deben ser ratas o algo por el estilo, ¡dicen que en el campo son enormes! -dijo uno de los exploradores con total naturalidad mientras avivaba el fuego- Escuché que pueden llegar a crecer del tamaño de un gato -prosiguió, soplando la punta del palito que estaba utilizando para acomodar la leña y que se había prendido fuego.

Santiago no estaba del todo convencido, pero pasó los siguientes minutos volviéndose a mirar y escuchando atentamente. Al cabo de un tiempo las piedras voladoras se hicieron evidentes y estallamos todos en una carcajada grupal.

Al día siguiente, nuevamente en las canoas llegamos a una zona de "rápidos" (se les llama así a aquellos tramos del río en los que la corriente se intensifica por el estrechamiento del cauce o la presencia de rocas hundidas o visibles que lo hacen más turbulento). Los exploradores venían a la cabeza y pasaron primero. Como ellos eran dos y nosotros cuatro en una sola canoa, amablemente accedieron a llevar a Hernán en el medio (cómodamente sentado en el piso de su canoa que no tenía asiento en el medio), y de esa forma quedábamos con tres y tres personas en cada una.

La DAHFIL pasó el rápido tranquilamente con Andrés, papá y yo a bordo, reuniéndonos con los exploradores en aguas más tranquilas.

Siempre esperamos luego de un rápido a los que vienen detrás para no separarnos y también para ayudar en el caso que alguna canoa vuelque.

En esos casos, la experiencia, tiene una relación directa con la cantidad de cosas que uno puede perder... o no. Me acuerdo la primera vez que volcamos salieron todas las cosas

que teníamos abordo flotando río abajo, lección que nos enseñó a atar nuestras pertenencias a la canoa.

Afortunadamente el rápido no era ni por lejos peligroso (¡hablamos de canoas rígidas, no de botes de *rafting*!), pero presentaba algo de dificultad. La canoa de nuestros amigos ganó velocidad a medida que entraban en aguas turbulentas, y la proa, sin ninguna intención de seguir la curva del codo del río apuntó directamente a los arbustos de la orilla.

- ¡Sebastián timoneá! -gritó Tabaré, haciendo movimientos desesperados con su remo simple, intentando evitar la inminente colisión con la vegetación que se avecinaba.

Hernán miró a los exploradores esbozando una sonrisa al tiempo que éstos se miraban y decían al unísono- ¡¿Sebastián timoneá?! - (Sebastián estaba en la proa; el que timonea va en la popa). Los tres se miraron y estallaron en carcajadas al tiempo que dirigían su canoa en auxilio de los marineros principiantes.

Una frase para la historia.

Arriba: en Paysandú, luego de terminar la travesía del Queguay.

Abajo: Andrés y Hernán durante un merecido descanso.

Arriba: Hernán y yo, siempre compañeros de canoa en la DAHFIL.

Abajo: Andrés y papá, a bordo de la "Tupy" antes de convertirse en la DAHFIL 2.

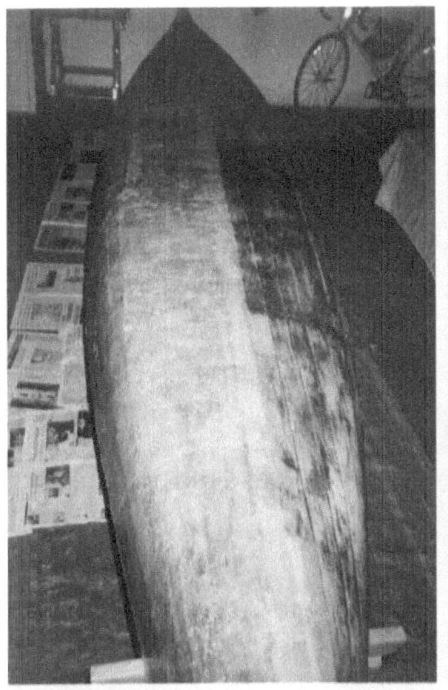

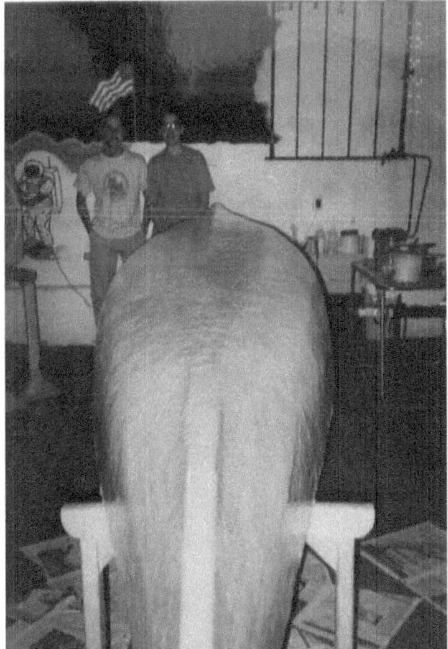

Arriba izquierda: colocando la primera capa de fibra de vidrio.

Arriba derecha: la popa, ya reconstruida y leeevemente inclinada…

Izquierda: esperando que seque la pintura.

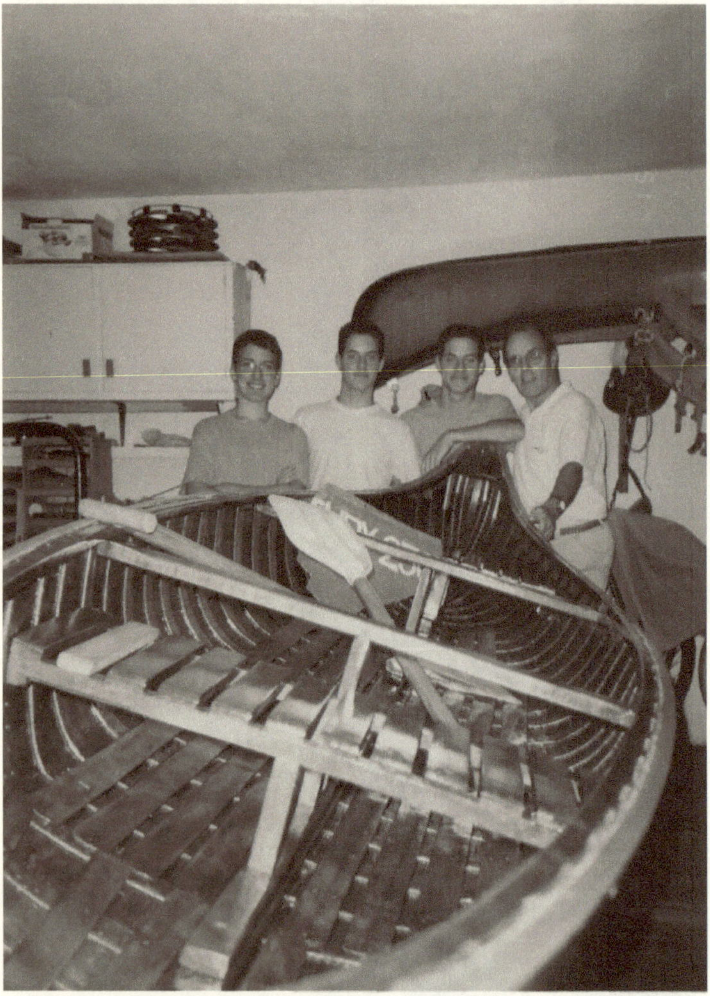

Arriba: ¡proyecto terminado! Orgullosos posando
para la foto luego de meses de trabajo.

Arriba: en alguna de las tantas largadas de travesía.

Abajo: estilo vikingo por el río Rosario durante la carrera.

Arriba: río San Juan, Colonia, febrero 2003. Lindas épocas de aventuras en familia.

Abajo: disfrutando la naturaleza de la forma habitual, ¡acampando!

Izquierda: típico río flanqueado de bosque nativo en sus orillas.

Abajo: travesía del río Rosario y una de mis fotos favoritas.

~ CAPÍTULO VI ~

RESCATANDO LA "TUPY"

Antes de la llegada de la fibra de vidrio, las canoas eran hechas de madera, recubiertas con lona. Para impermeabilizarla, se le aplicaban varias capas de pintura, fácilmente más de diez. No solo quedaban muy bonitas al estar hechas de madera, sino también muy livianas. Eventualmente, la aparición de la fibra de vidrio las hizo desaparecer, ya que éstas últimas son producidas en menos tiempo, no requieren mantenimiento, y en el caso de una rotura (muy común en travesías por ríos de poco caudal) son fácilmente reparadas.

Un amigo de papá, el Dr. Parodi, con el que compartieron varias jornadas de construcción de canoas de madera en el Club ACAL, ubicado en la playa Malvín, tenía precisamente una de éstas reliquias en desuso hace tiempo.

Al principio salíamos los cuatro en la DAHFIL, pero al ir creciendo, se hizo evidente que necesitábamos aumentar nuestra flota. Fue así como, una tarde, apareció en casa la "Tupy", bautizada con ese nombre haciendo referencia a un movimiento político de Uruguay.

La Tupy era una hermosa canoa de madera, a la que habían modificado, sacándole la vieja lona y sustituyéndola por fibra de vidrio. Un poco deteriorada por haber pasado mucho tiempo sufriendo las inclemencias del clima rioplatense en el techo de la casa, era necesaria una restauración a la altura de ésta hermosa embarcación *vintage* y que por supuesto la dejara en condiciones para volver a navegar.

El proceso llevó varios meses y quedará por siempre en mi memoria y estoy seguro que también en la de mis hermanos. Los cuatro pasamos tardes enteras en aquél garage del 2277 de Ing. E. García de Zúñiga en Punta Carretas, escuchando música, conversando, al ritmo de la batuta de papá sin descuidar ningún detalle. Sin duda alguna, el placer más

grande de cualquier trabajo manual es ver el fruto del esfuerzo y si ese fruto es producto del esfuerzo hecho en familia, mucho mejor.

Con la Tupy dada vuelta, apoyada sobre dos caballetes, empezamos por retirar la fibra de vidrio colorada que cubría su casco. Ese día, deambulando por la casa sin propósito, (era adolescente, ¡es lo que normalmente hacía!) comencé a escuchar unos crujidos fuertes provenientes del garage, parecido al sonido que hace la corteza de un árbol al ser arrancada con violencia. Al bajar y ver lo divertido que parecía retirar la fibra vieja no lo dudé un segundo y me sumé a la tarea. Una vez retirada, quedó a la vista la canoa pura de madera. En ese momento supimos silenciosamente cada uno de nosotros que nos iba a dar más trabajo del que creíamos. Había que cambiar varias maderas podridas y lo peor iba a ser la popa...

De a poco fuimos retirando las maderas deterioradas y moldeando nuevas para encajar precisamente en cada lugar, las que fijamos con tachas de cobre. El problema fue que, al dejar de fabricarse canoas de madera, las tachas sufrieron el mismo destino.

Siempre es necesario algo de improvisación en el camino, así fue que, encontramos en una ferretería unos largos clavos de cobre, los que acortamos con alicate... uno por uno.

De a poco la Tupy se iba viendo rejuvenecida. Al llegarle el turno a la popa creímos prudente dejarle el trabajo a un experto, ya que no sólo era necesario reemplazar maderas del casco, sino también parte de la quilla.

Una buena mañana apareció el carpintero del barrio, nuestro experto.

Andrés y yo, con mirada crítica y preocupada, queríamos que nuestro vecino tuviera éxito en su inusual tarea y por supuesto tratara con cariño nuestro proyecto. Así pasaron los minutos en silencio, silencio únicamente alterado por golpes de martillo y madera serruchada; nuestros ojos estaban viendo un trasplante de corazón...

Finalizada la reparación, pagamos al buen hombre por sus servicios, lo despedimos y nos dirigimos a admirar la obra. Creo que no pasaron ni cinco segundos y largamos la carcajada (más de preocupación que otra cosa).

- Lo vamos a tener que hacer de nuevo, ¿no? -dijo Andrés.

- ¡Yep! -dije suspirando, y ésta vez, las risas dieron paso a los improperios mientras aprontábamos las herramientas.

Pasados varios minutos, la nueva reparación cumplió nuestros exigentes estándares. Bueno, digamos que los cumplió lo suficiente como para no querer corregir la leve desviación que quedó hacia un lado...

Terminada la restauración de las maderas, había llegado la hora de cubrir el casco con fibra de vidrio y resina. Para los que no conocen la fibra de vidrio, es como una tela blanca, compuesta de hilachas entrelazadas. A simple vista, parece una maraña de hilos de fibra de vidrio aplastados en forma de tela. Los días que la usábamos, eran los peores para limpiar después porque terminaba en todos lados, se deshace muy fácilmente y volaban hilos de fibra a cada rincón. Se coloca sobre la superficie deseada y se fija untándole una resina, que, combinada con un químico catalizador, se endurece y seca.

¡Imagínense el enchastre al combinar una tela que se deshilacha de sólo mirarla con una melaza pegajosa! Una vez seca, puede ser cortada, lijada, etc. Le colocamos una primera capa de fibra normal y luego, en la parte de abajo del

casco, una capa de fibra de vidrio entretejida, muy similar a una tela. La ventaja de ésta última, es que es mucho más fácil de colocar, ya que no se deshilacha y le da más resistencia al casco. Luego le colocamos otra mano de fibra normal. Aun lijando el casco, como la superficie de la fibra es muy irregular necesitábamos dejarla más uniforme antes de pintarla. Decidimos hacer una pasta de resina mezclada con talco y quedó realmente muy bien.

El olor de la resina es inconfundible y tan fuerte, que más de una vez salimos medio atontados del garage. Es increíble cómo algunos recuerdos se impregnan en nuestra memoria a través de los sentidos. Más de una vez reviví esas tardes increíbles, al oler ese olor accidentalmente.

Claro que la renovada Tupy no estaría terminada sin una linda pintura. Elegimos un amarillo "yema de huevo", casualmente muy parecido al de la mesa de centro que tengo hoy en mi casa.

Había momentos en los que solíamos ir al garage tan sólo para admirar los avances hechos y regocijarnos. A veces acompañábamos esos momentos con una taza de café con leche, alguna galletita y nos quedábamos ahí, charlando sobre las cosas que aún quedaban por hacer y más de una vez, sobre cuestiones tan dispares como el significado de la vida o el resultado de algún partido de fútbol.

Luego de meses de trabajo de manos pegajosas, manchadas de pintura, doloridas después de algún martillazo mal dirigido, ropas cubiertas de aserrín y una sonrisa dibujada en cada uno de nuestros rostros, nacía la "DAHFIL 2".

~ CAPÍTULO VII ~

ESTRENO DEL ACORAZADO

El estreno de nuestra "ave fénix" se vio opacado por una serie de eventos desafortunados.

¿Sería mala suerte también cambiar el nombre de una embarcación?

Nos dispusimos a recorrer nuevamente las aguas del arroyo San Carlos, junto con Tabaré y sus hijos, aunque no en el mejor momento del arroyo; su cauce estaba muy crecido y su correntada fuerte.

A partir de ahí en adelante, en una especie de acuerdo no formalmente establecido, Andrés hizo equipo de canoa con papá (timonel) en la DAHFIL 2 y Hernán conmigo (timonel) en la DAHFIL.

Las palas de nuestros remos llevaban poco tiempo mojadas, cuando el San Carlos comenzó a poner a prueba nuestras habilidades. En cuestión de minutos todos dábamos lo que fuera por convertir nuestras canoas en grandes botes de *rafting*.

Nuestros amigos, luego de una hora de heroica pelea contra la furia del río, dieron por perdida la batalla y optaron por una retirada un tanto drástica...

- ¡¿A dónde van?! -levanté repentinamente la vista de la pala de mi remo derecho hundiéndose en el agua.

- ¡Nos vamos!, está muy bravo el río -sin decir más, desaparecieron por la margen derecha, canoa al hombro, a través del monte nativo.

Las cosas no pintaban mucho mejor para nosotros. Cada vuelco de la canoa nos agotaba físicamente y nos desmoralizaba. El río estaba realmente muy crecido y ¿tal vez habíamos confiado demasiado en nuestras habilidades?...

Llegó un momento que perdimos de vista a Andrés y papá, producto de que Hernán y yo empezamos a pasar más tiempo en el agua que en la canoa y a cada nuevo vuelco,

admito que le rezaba en voz alta a cualquier Dios para que nos ayudara a no volcar más y llegar al campamento, que se sentía a años luz de distancia.

Empapados de pies a cabeza, con frío, cansados física y mentalmente; a cada nueva curva del río aparecía otro tramo más desafiante que el anterior.

Poco a poco la luz del día nos abandonó y supimos que con o sin el resto del equipo del campamento (¡seguía estando a años luz!), necesitábamos parar.

Recuperando energías, luego de otra remojada en las aguas del San Carlos, Hernán y yo respiramos aliviados al reencontrarnos con Andrés y papá a la vuelta de una curva del río, alivio que duró poco al ver que algo no estaba del todo bien. Estaban en la orilla izquierda sosteniendo el extremo de una cuerda que terminaba en el río, y entre sus aguas alborotadas se veía la popa de la DAHFIL 2. No habíamos contado con el aumento de peso de la fibra, la pintura y la quilla de aluminio, los que superaron la capacidad de flotación cuando se llenó de agua... ¡Ups!
- ¿Qué pasó? -dije.
- Nada, nos arrimamos a la orilla, pero la correntada nos desequilibró. Nos inclinamos, se llenó de agua y el resto se lo imaginan -dijo Andrés detrás de papá buscando alguna rama para atar el extremo de la cuerda- Por suerte quedó trancada contra las raíces de éste árbol.

Demasiado agotados para emprender una misión de reflote e imposibilitados de continuar, no quedaba otra que pasar la noche allí, bajo el cielo estrellado de la campaña uruguaya y la DAHFIL 2 en su día de estreno, también bajo las estrellas... y bajo el agua.

Con algo de dificultad, sacamos la DAHFIL del río y la colocamos "boca abajo" para que sirviera de refugio a la hora

de dormir. Por suerte traíamos con nosotros la carne para la cena, así que, Andrés, machete en mano, se dispuso a conseguir madera para el fuego. Se perdió de vista entre los árboles y centramos nuestra atención en una casa que distaba unos trescientos metros de donde nos encontrábamos. Tal vez tuvieran una parrilla que pudiéramos usar. Papá y yo emprendimos la marcha hacia ella, en silencio, todavía sin poder entender cómo había salido todo tan mal y pensando en la larga noche que nos aguardaba en nuestro campamento improvisado. Al acercarnos apareció una señora.

- Buenas tardes
- Buenas tardes -respondió amablemente ella.
- Disculpe la molestia señora, pero estábamos recorriendo el río en canoa y la verdad que está bastante bravo. No pudimos llegar al lugar donde planeábamos acampar, así que, si no es molestia, pensábamos pasar la noche por ahí al costado del río -papá apuntó hacia donde estaban Andrés y Hernán- queríamos también pedirle un favor; si llegara a tener una parrilla que nos pudiera prestar...

Nos vio bien intencionados y por nuestro aspecto se dio cuenta que necesitábamos su ayuda.

- Miren muchachos, ahora no está mi marido, así que, por ahora lo que les puedo dar es una reja que puede servirles de parrilla.
- ¡Pero, muchísimas gracias!

Fue atrás de la casa, y a los pocos segundos apareció con la reja. Le agradecimos nuevamente y cada uno de un lado, la cargamos hasta nuestro campamento.

Una vez ahí, mientras cada uno estábamos ocupados con algo, escuchamos de repente el grito de Andrés entre los ár-

boles. Nos volteamos hacia donde escuchamos su voz y saltando en un pie apareció entre los arbustos con cara de espanto.

- ¡¿Qué te pasó?!
- ¡Se me resbaló el machete de la mano y me lo clavé en la pierna!

En su empeine, cerca del tobillo había un corte de unos dos centímetros. Por suerte, siempre había un médico en nuestra tripulación.

- No es grave, es superficial -dijo papá examinando la herida.

De la caja de balas (cajas herméticas de metal muy usadas por las fuerzas armadas) sacó el kit de primeros auxilios y buscó dentro hasta encontrar una bolsita transparente que contenía un polvo blanco.

- Es un cicatrizante, no te va a arder ni nada.

Esparció el polvo uniformemente en la herida y la vendó.
- Dejá la patita quieta nomás. Vas a sobrevivir -dijo sonriendo.

En Montevideo, sonaba el timbre de la puerta de casa. Mamá se dirigió a la puerta y a través de la persiana de la entrada vio un auto estacionado con las luces intermitentes encendidas; llevaba una canoa en el techo. Por la mirilla vio a Tabaré, cuyo rostro se veía más relleno que de costumbre por efecto del visor.

- ¡Tabaré! ¿Qué hacen acá?
- Hola, Ilianna -noté en su voz que algo pasaba (sexto sentido de mujer, ¡y de madre!)
- ¿Están bien? -preguntó casi de inmediato.
- Sí, sí, pasa que el río estaba muy crecido y la verdad que estaba complicado. Nosotros no quisimos seguir y aquellos sí.

- Pero, y Luis y los chicos, ¿están bien?
- No sabría decirte, me imagino que sí...

Tabaré le contó brevemente cómo había transcurrido el día y dijo que había intentado llamarla en el camino de regreso, pero no había podido comunicarse. Aparentemente había un problema con la línea de casa.

- ¿Y me venís a decir esto ahora sin saber cómo están ellos? -se notaba la angustia en su voz.

Tabaré abrió la boca tomando aire para decir algo, pero lo interrumpió.

- Disculpame, gracias por venir y avisarme, pasa que ahora me quedé preocupada. Voy a ir hasta un teléfono público y los llamo.
- Te ofrecería el celular para que llames Ilianna, pero se nos quedó sin batería y para peor se nos mojó el cargador.
- No te preocupes, gracias por avisar. Vayan nomás, dense un baño caliente y cuídense, además Alicia debe estar preocupada por ustedes.

Para ese entonces las primeras estrellas ya habían aparecido hace un buen rato sobre nosotros.

Con nuestra parrilla improvisada sobre unos pedazos de piedra y ladrillo, y el fuego haciendo crujir las maderas de monte nativo, colocamos la carne a asar, esperando que el día siguiente trajera mejor fortuna, asumiendo claro está que sobreviviéramos al frío nocturno. Nuestra cena no había siquiera perdido su tono rojo, cuando vimos a dos personas aproximarse. La señora de la casa venía acompañada de su marido Domingo, mate en mano y termo bajo el brazo.

- Hola muchachos, me dijo mi mujer que el San Carlos les hizo pasar un mal rato.
- Sí, un poco -dijimos riéndonos.

Papá les contó resumidamente lo que nos había sucedido

- ¿Y piensan dormir acá?

- Hasta ahora es nuestro plan sí. Como que muchas opciones no tenemos...

- ¡Tan locos! ¡Con el frío que hace de noche se van a congelar! Quédense en la casa con nosotros y mañana los ayudo con mi peón a sacar la canoa del río y siguen su camino.

- ¡Muchísimas gracias! No sabe cómo se lo agradecemos.

Papá ayudó a caminar a Andrés; Hernán y yo cargamos nuevamente la parrilla, ésta vez con nuestra cena a medio cocinar y agotados, pero aliviados de no tener que dormir a la intemperie, partimos hacia nuestro refugio, guiados por Domingo y su señora.

Su casa era simple pero acogedora. Allí conocimos a sus hijos, una niña y un niño de unos diez y ocho años de edad. Nos sentamos a la mesa (pensándolo bien, nos desplomamos en las sillas) y mate de por medio les contamos en detalle nuestros incidentes durante el día, sobre nosotros, ellos de su vida, nos reímos, tomamos vino casero y agradecimos varias veces su hospitalidad. Nuestro asado a medio cocinar recuperó su temperatura (al igual que nosotros) a fuego de leña y aportó su granito de arena, ayudando a ahumar unas tentadoras pancetas que Domingo tenía colgadas sobre una vieja estufa salamandra.

Dentro de una de las cajas de balas sonó un celular. Papá abrió la caja, y leyó "número desconocido" en la pantalla.

- ¿Aló?

- Luis, ¿están bien?

- Sí, intenté llamar a casa, pero decía que el teléfono estaba fuera de servicio.

- Sí, estuvo así toda la tarde, parece que es un problema de Antel. ¿Qué les pasó? Vino hace un rato Tabaré a decirme

que el río estaba difícil y ellos se fueron y después no supieron más nada de ustedes...

Papá le explicó lo ocurrido suavizando algunos detalles (por supuesto no mencionó nada sobre el pie de Andrés).
- ¿De dónde estás llamando entonces? -dijo papá, cayendo en la cuenta que había sido ella la que había llamado.
- Me vine hasta un teléfono público en la desesperación... Estoy cerca del jardín al que iban los chicos... ¿Están bien entonces?
- Sí, quedate tranquila que mañana juntamos las cosas y vamos para casa, así como está el río no da para seguir.
- Bueno, cuídense y pórtense bien en la casa de esa gente.
- Dale, beso mami, chau.

El primero en caer fulminado del cansancio fue Hernán, apodado por Domingo como "la madre de todos los vicios", título merecido luego de aceptar literalmente todo lo que le ofrecieron, comida, mate, vino...

La DAHFIL pasó esa noche al margen del San Carlos, cuidando a su hermana. Nosotros, en el piso del comedor de nuestros amigos, sobre los colchones más cómodos del mundo (así se sintieron esa noche) abrigados más que nada con la calidez humana de esas maravillosas personas que nos refugiaron en su hogar.

Sentíamos que dormimos un día entero, cuando los rayos del sol comenzaron a derretir la escarcha acumulada sobre el pasto.
- Buenos días -Domingo cerraba la puerta de su dormitorio rascándose la cabeza- ¿Cómo durmieron? -preguntó con una sonrisa.
- Pah..., re bien -dijo Andrés reviviendo de a poco.

Era hora de la comida más importante del día, y como buena gente de campo, ¿qué mejor que un buen desayuno con huevos frescos?

- ¿Puedes ir a buscar huevos al gallinero? Es aquí al lado, saliendo a la derecha -me dijo Domingo.

- Obvio, voy.

Nunca había ido a buscar huevos a su fuente de origen y gustándonos todo lo que es agreste y natural, me gustó cómo estaba empezando el día.

El gallinero estaba dividido en dos, por un lado estaban las gallinas y al lado había una despensa donde guardaban los huevos en bandejas de tres docenas. Tomé seis huevos, pensando que sería suficiente y volví al comedor.

- ¡Ahhh, pero trajiste sólo pa' vos muchacho!

La carcajada fue general. Domingo salió del comedor riéndose y volvió con una bandeja entera.

Terminado el desayuno, ayudamos a ordenar el comedor y esperamos que llegara el peón, que nos ayudaría a rescatar la DAHFIL 2.

Minutos más tarde, el Titanic emergía como un fénix de las aguas del San Carlos. No sólo iba a ser necesario resolver el "problemita" de la flotabilidad, sino que también íbamos a tener que reparar uno de los parantes del medio. Hubo que partirlo a propósito el día anterior para sacar las cajas de balas que estaban atadas, donde teníamos todas las cosas valiosas: documentos, llaves del auto, celulares.

Domingo llevó a papá a buscar la camioneta y mientras esperábamos que volviera nos pusimos a reflexionar un poco en todo lo que había pasado y no pudimos evitar notar que nuestra odisea tuvo algunas casualidades interesantes. ¿Por qué justo en ese lugar se hundió la DAHFIL 2, haciendo que necesariamente tengamos que parar? ¿Por qué no antes o

después? El peón (un muchacho muy amable, que lamentablemente no recuerdo su nombre) nos dijo que un poquito más adelante, el río crecido había formado un muro de ramas que era prácticamente imposible de sortear. De haber continuado un poco más hubiéramos estado en problemas...

También pudimos salir del río, ya que hay tramos en los que no hay más que barrancos a ambos lados o monte nativo demasiado denso para atravesarlo. Desde allí también pudimos ver la casa y encontramos éstas personas excepcionales que nos dieron abrigo.

La DAHFIL 2 probó ser merecedora del apodo de "acorazado" que recibió en sus etapas de reconstrucción. Andrés contó que se encontraron de frente con una roca luego de una curva en el río que fue imposible esquivar y le dieron de lleno con la proa. El impacto fue tan fuerte que lo arrojó de su asiento hacia adelante. ¿Daños? Mmm... Sólo el orgullo de sus navegantes... Algo exagerada a veces, ésta vez nuestra política rindió sus frutos y evitó que se dañara la DAHFIL 2. Con Andrés acostumbramos decir que, si hacemos algo, lo hacemos para que le pase por arriba un tornado y no haya daños.

Cargamos las canoas y el resto de las cosas en la Mitsubishi y nos despedimos de Domingo y su familia. Papá le dio su contacto y por última vez les agradecimos. No volvimos a saber de ellos desde entonces; tal vez, quién sabe, un día lean éstas páginas y se acuerden de éstos locos canoeros que naufragaron en su río y los recuerdan con mucho cariño.

Probablemente idea de papá, una vez en la ruta, nos desviamos hacia Punta del Este donde terminamos dándonos un baño en las frescas (¡extremadamente frescas!) y azules aguas del Atlántico.

Pobre Andrés, no tuvo otra opción que hacer de guarda-rropas, sentado en la arena con su pie vendado.

La tarde en el principal balneario del país no podría haber terminado de mejor manera; comiéndonos unos deliciosos pastelitos de dulce de membrillo.

~ CAPÍTULO VIII ~

UNA IDEA MUY LIVIANA

Si hubo algo que nuestra aventura en el San Carlos nos enseñó (entre muchas cosas) fue que el proceso de reconstrucción de la DAHFIL 2 no había terminado. Necesitábamos aumentar la flotabilidad para que al llenarse de agua no se fuera a pique como plomada.

Las canoas de fibra de vidrio tienen en proa y popa unos compartimientos estancos, cuya función es darle flotabilidad. Son, como bien lo dice la palabra, compartimientos huecos, herméticos, con aire atrapado dentro; son los "flotadores" de la canoa.

Nuestra DAHFIL 2, al ser originalmente de madera y lona no los necesitaba; la madera flota y la lona usada para recubrirla le agregaba muy poco peso, haciéndola extremadamente liviana. Su nuevo y más pesado casco amarillo de fibra de vidrio y quilla de aluminio, sin embargo, escondían un talón de Aquiles que pasó desapercibido para éstos ingenieros amateurs, hasta el día del San Carlos. Supusimos que agregándole compartimientos estancos solucionaríamos el problema.

DAHFIL 2 nuevamente en el astillero...

Confeccionamos dos tapas de madera para ambos extremos internos de la canoa y las aseguramos con silicona en sus bordes. Como sería imposible sellarlos de forma tal que fueran compartimientos totalmente herméticos, porque la superficie en los bordes no es regular como la de una canoa de fibra, necesitábamos llenar esa cavidad hueca con algún material que tomara el lugar del aire, impidiendo que entrara agua, y a la vez fuera liviano.

Nuestra solución se llamaba "poliuretano expandido". El producto viene en dos químicos A y B, cuya mezcla produce una espuma dura mucho menos densa que el agua.

La última fase de la reconstrucción (eso esperábamos) no podía dejar de ser igual de divertida que las anteriores. Hicimos un agujero en los triángulos que tapan las puntas de la canoa y colocamos un embudo. Papá destapó ambas botellas conteniendo los químicos y las sostuvo enfrentadas sobre el embudo.

- ¿Listos? -dijo.

Andrés, Hernán y yo nos miramos, sosteniendo la canoa de ambas bordas

- Que sea lo que sea -sonreímos.

El líquido, espumoso, de color intenso, similar a cerveza, comenzó a caer a través del embudo. Pasados unos segundos, la cantidad vertida parecía suficiente y esperamos alguna reacción. No pasaba nada y nos mirábamos desconcertados.

- Y…. podríamos sacudirla un poco, ¿no? -dijo Andrés.

A las risas dimos inicio al simulacro de tempestad en tierra firme.

No habían pasado ni diez segundos, cuando escuchamos un sonido igual al que hace un bife al tocar un sartén caliente; estaba funcionando. Algo de espuma salió por el agujero donde habíamos vertido los químicos, endureciéndose a los pocos minutos.

Ya tenía fama de acorazado...ahora, además, inhundible; el cariñoso apodo "Titanic" lo tenía bien merecido.

~ CAPÍTULO IX ~

TRAVESÍAS CON LA I Y II

Hay momentos que se graban en la memoria, esos en los que se experimenta paz absoluta, relajación y parecen siempre suceder de forma imprevista. Uno así se dio luego de compartir un almuerzo en familia cerca de una represa en el interior del país. Allí, se pueden alquilar parrilleros y pasar el día. El lugar donde están éstos, es la zona más elevada de una gran extensión de pasto que termina en el río, ya luego de pasada la represa. Está flanqueada por arbustos y árboles bajos en uno de sus lados y en el otro por altos y frondosos eucaliptos.

Luego del maravilloso asado dominguero, los hermanos nos fuimos a descansar a la sombra de los árboles. Tendimos un viejo mantel sobre el pasto (originalmente una frazada de alguna aerolínea europea) y al melódico ritmo de la música de Enya, observamos nubes adoptar las más variadas formas mientras desfilaban sobre nosotros, impulsadas por una fresca brisa de primavera.

LAGUNA DEL SAUCE, Maldonado.

Disfruté el mismo estado hipnótico de relajación, acostado en la popa de la DAHFIL, una tarde de pesca en la Laguna del Sauce.

Mientras los pejerreyes merodeaban las boyas, el calor del sol entibiaba nuestros rostros, las canoas se balanceaban suavemente en las olas y el viento mecía las copas de los árboles que rodeaban la orilla. Eran las condiciones ideales para que la imaginación volara, pero el frecuente pique de los pejerreyes, nos mantenía pendientes de nuestras boyas y el hermoso paisaje.

Habíamos leído que a los pejerreyes les gustaban las lombrices de tierra, así que decidimos darle un intento, pero ¿dónde las íbamos a conseguir? En el amplio jardín del fondo de casa tenía que haber... No sé de dónde surgió la peculiar técnica de extracción de las susodichas, pero funcionó de maravilla. Algunos pensarán que es un poco cruel, pero siendo prácticos, ¡iban a ser comidas por peces luego! (eso esperábamos).

Mojamos levemente la tierra antes, ya que hacía varios días no llovía y estaba seca (todos estábamos esquivando las tareas de jardinería desde la última lluvia). Perdida en el garage, encontramos una vara de metal de un metro aproximadamente, a la que le atamos un cable en uno de sus extremos, enterrando el otro firmemente en la tierra... Se imaginan el resto, ¿verdad?

La cantidad de lombrices que aparecieron en la superficie fue increíble (tal vez "huyeron hacia la superficie" sea más apropiado).

- ¡Libre! -Andrés, encargado de activar nuestro "extractor de lombrices", avisaba para que nos alejáramos de la vara.

Cuando nuestras amigas dejaban de salir, desenchufábamos la vara, la enterrábamos en otro lugar y otra vez los vecinos escuchaban "¡libreeeeee!".

ISLA DE LAS GAVIOTAS, Montevideo.

Las canoas nos proporcionaban un medio para saciar nuestra curiosidad y desafiar nuestros límites.

Si nunca han escuchado hablar de la "Isla de las Gaviotas", se trata de una diminuta isla, ubicada frente a la playa Malvín en Montevideo, que dista unos quinientos metros de

la costa. A simple vista es evidente el porqué del nombre; en ella no hay otra cosa que algunos arbustos y por supuesto, gaviotas; muchas gaviotas.

Una tarde decidimos acercarnos para saciar nuestra curiosidad, ejercitar los brazos, y claro está, visitar a las lugareñas. Considerando que, lo que encontramos allí fue, en efecto, gaviotas, no hay mucho más para contar sobre nuestra expedición, pero como de costumbre, una agradable tarde de remo, agregando la emoción de habernos sentido como vikingos descubriendo tierras vírgenes.

Río SANTA LUCÍA, Montevideo.

La temperatura fue bajando, pasando de dos dígitos a sólo uno, y las hermanas DAHFIL avanzaban con su tripulación deseosa de llegar a la ciudad de Santa Lucía. Afortunadamente, para esas alturas, habíamos comprendido que era vital estar siempre bien abrigados y no estábamos pasando mucho frío. La noche sin luna había llegado y por algún leve error de cálculo continuábamos remando. Esa vez el río estaba bajo y de vez en cuando aparecían bifurcaciones que nos desorientaban. Vegetación que en días normales estaría bajo agua, ahora dividían el cauce del río creando dos posibles caminos y al no haber luna, estaba demasiado oscuro para saber exactamente qué camino tomar. Más de una vez tuvimos que dar la vuelta y retornar al cauce correcto, luego de llegar a un callejón sin salida.

Pasamos una curva hacia la derecha y a lo lejos vimos un viejo puente. La única fuente de luz que teníamos era un farol eléctrico en cada canoa.

De repente, algo agitó la superficie del agua.

- ¿Vieron eso? -dijo papá desde la DAHFIL que venía delante de nosotros.
- Dejemos de remar unos segundos para ver qué es. Dejó su remo dentro de la canoa, tomó el farol y lo levantó sobre la superficie tranquila del río. Decenas de peces comenzaron a saltar por todas partes, atraídos por la luz del farol. Varios inclusive terminaron dentro de las canoas. Sin querer, hicimos una pequeña "pesca a la encandilada". Considerada una modalidad, se practica durante las noches sin luna con un farol lo suficientemente potente para atraer los peces hacia su luz, de ahí el término "encandilada".

REMANDO

De la misma forma que un piloto va ganando experiencia a medida que suma horas de vuelo en su bitácora, nosotros fuimos acumulando "horas de remo". Y con la experiencia, aprendimos cómo equiparnos para las travesías. Teníamos todo lo necesario para disfrutar de la aventura de recorrer las venas hídricas de nuestro país. Compramos unas grandes tarrinas donde guardábamos todo lo necesario para acampar, carpas, colchones inflables, sobres de dormir, utensilios de cocina. También conservadoras o *coolers* con comida para la noche y frutas o cosas así para comer durante el día.

Muchas veces nos lanzábamos naranjas de canoa en canoa y las recogíamos desde donde hubieran quedado flotando en el agua.

En las cajas de balas iban las cosas importantes: documentos, llaves del auto, celulares y hasta teníamos *walkie-talkies* para comunicarnos entre nuestras canoas, en caso de separarnos.

Una de las cosas más disfrutables de las travesías eran los paisajes. Cauces angostos con mucha vegetación de monte nativo en sus márgenes donde se podía observar todo tipo de aves y animales.

En una ocasión llegamos a ver algo que nunca había visto. Delante nuestro, a unos metros, vimos algo cruzando el río y supusimos que sería algún pato o similar. Al acercarnos, ¡era un gato!, que con total normalidad nadaba abriéndose paso entre los camalotes que flotaban en la superficie. Al llegar a la otra orilla, sacudió el exceso de agua de su negro pelaje, nos dirigió una mirada de superioridad y desapareció entre los árboles.

Los insectos y arañas eran los habituales polizontes de a bordo. En ocasiones, ramas muy bajas atravesaban el río, por lo que era necesario acostarnos en la canoa para poder pasar. Una vez del otro lado, era normal encontrar todo tipo de bichos en nuestras embarcaciones (además de sus tripulantes).

Cada cierto tiempo, aprovechábamos y dejábamos que la corriente del río hiciera el trabajo y nos dedicábamos sólo a escuchar. Canto de pájaros, de insectos, la brisa meciendo los árboles suavemente, eran sólo interrumpidos por el caudal del río al encontrar algún obstáculo o el ocasional remo de los timoneles dirigiendo las canoas.

La DAHFIL 2 despertó una idea en papá que lamentablemente nunca pudimos llevar a cabo. Quería usar las canoas como casco de un catamarán (embarcación de dos cascos) uniéndolas de alguna forma e incorporando una vela, para navegar de forma más cómoda los ríos anchos como el Uruguay. Como dice el dicho, matando dos pájaros de un tiro, lo

que usaríamos para unir en paralelo las canoas, serían los parantes de madera que hicimos para transportarlas en el techo de nuestra camioneta.

Nuestras salidas en canoa eran todo un espectáculo. Ambas canoas en el techo de la camioneta (la que iba llena también en su interior) y por si esto fuera poco, llevábamos un *trailer* enganchado con todo lo necesario para acampar.

Andrés y yo éramos generalmente los encargados de atar las canoas en el techo de la camioneta. Nuestro viejo dicho de "hacer las cosas para que resistan el paso de un tornado" demostró en la práctica ser lo más seguro para el transporte de las "*verde-amarela*".

~ CAPÍTULO X ~

NOCHES A LA INTEMPERIE

La majestuosidad del cielo nocturno estrellado sobre nuestras cabezas contrastado por la cálida luz del fuego que nos ilumina y abriga de la fresca noche. Conversamos de los eventos del día entre chiste y chiste y esperamos ansiosamente que el asador anuncie que está lista la cena. No hay nada mejor que eso, es estar en nuestro elemento.

El mundo de hoy, que tanto nos incentiva a consumir, nos hace olvidar que la felicidad yace en las pequeñas cosas; una ronda de amigos alrededor de una fogata, el sonido del río haciéndose camino hacia el mar, grillos, cigarras y chicharras tocando su música bajo el iluminado brazo de la Vía Láctea.

Frecuentemente me veo ahí, a la orilla del río, con mi "hermandad del remo" y ansío poder compartir experiencias así con mis hijos y que ellos también las compartan con sus hijos. El estrecho lazo que formamos de padre e hijos, de hermanos, de equipo de aventuras lo mantenemos hasta el día de hoy y es algo que el tiempo nunca podrá borrar.

Acampar por sí mismo es un desafío, ya que priva de muchas comodidades del mundo moderno; se vuelve a lo básico y es exactamente por eso, que uno puede luego apreciar esas comodidades y valorar lo que tiene y por sobre todo a quién tiene en su vida.

*****

La llovizna iba y venía de a ratos, pero era lo suficiente como para irle dando paulatinamente brillo a las baldosas de la azotea. Era una tarde de feriado gris, silenciosa, lenta, tranquila; tanto, que parecía que hasta los pajaritos se habían tomado el día para descansar. El olor a asado flotaba en el aire de la ciudad y los leños en nuestro parrillero empezaban a

arder. El viento esparcía el humo por todas partes y hacía llorar nuestros ojos.

Las llamas no tardaron mucho en envolver los leños que ahora crujían esporádicamente al ritmo del siseo típico del fuego, siendo imposible no quedar hipnotizado. Sin duda hay algo mágico inherente a él, tal vez, por tantas fogatas compartidas o algo más profundo, algo que haya quedado impreso en el ADN de los seres humanos desde tiempos prehistóricos donde se reverenciaba el fuego.

Fueron tantas las veces que nuestros rostros estuvieron iluminados por la cálida luz de las llamas de una fogata, que perdí la cuenta. Llamas que escucharon historias y reflexiones filosóficas de esas típicas que surgen al final de la velada y abarcan los más variados temas, desde nuestra propia existencia y significado, hasta la posibilidad de vida en otro planeta. Llamas que escucharon alguna que otra canción (desafinada por supuesto) y chistes propios de una reunión de hombres. Llamas que fueron autoras de deliciosas cenas campestres en ocasiones y en otras se limitaron a ver que manjares habíamos llevado ya preparados.

Hay un viejo dicho que dice "donde hay hambre no hay pan duro" y no podría ser más cierto. Probablemente cansados por remar durante varias horas, el hecho es que al final del día comíamos lo que fuera (no es que por lo general fuéramos muy quisquillosos para comer tampoco) y comprobamos que algunas cosas son ricas únicamente en esos momentos. Para aquellos que nunca escucharon hablar del "*corned beef*", es una pasta hecha a base de carne parecida al paté. Fue popular en la época de las guerras mundiales, por tener un alto valor proteico y porque era de fácil consumo para las tropas.

Rodeando el fuego, fueron muchas las rodajas de pan que desaparecieron acompañadas de *corned beef*. No eran canapés de caviar, pero para nosotros era casi una delicatessen.

Un buen día en la civilización, encontramos una lata de *corned beef* y pensamos ¡qué buena forma de hacer una base para la cena! (dicho eso, se imaginarán el gasto de comida en esa casa siendo cuatro hermanos varones...). Lógicamente usando parte del pan que debería ser para la cena, abrimos la lata y untamos una generosa cantidad en cada uno de nuestros trocitos de pan (¡¿dije "trocitos"?!). ¡En breves segundos comprendimos porqué era tan popular solamente en el frente de batalla!

CAPÍTULO XI

ENSEÑANZAS DE UN LÍDER

Como buenos hermanos, teníamos nuestras ocasionales diferencias de opinión (honestamente "peleas" se acerca más a la realidad), el problema era cuando peleábamos en la canoa. Si había algo que le molestaba a papá eran las peleas a bordo. Cuando la cosa iba para largo, aplicaba la técnica del remazo en la cabeza (¡no era un golpe! Más bien un llamado de atención), seguido de: "bueno, ¡córtenla!". Si bien era de las cosas que más nos hacían enojar, hoy en día aprecio haber recibido el ocasional remazo en la cabeza.

Lógicamente, las discusiones terminaban al instante, no así nuestro enojo, que me atrevería a decir, aumentaba ligeramente luego de recibir la "técnica pacificadora de ánimos". Era una de las formas de ejercer su función de líder e imponer autoridad (¡y orden a los esporádicos motines abordo!) y funcionaba.

El tiempo y la experiencia hicieron que cada vez éstos episodios fueran más escasos, hasta que en los últimos tiempos prácticamente no discutíamos. Maduramos, ya no éramos adolescentes alterados por las hormonas, nos conocíamos como equipo, conocíamos las mañas de cada uno y aceptábamos nuestras debilidades, fomentando nuestras fortalezas.

- ¿Te acordás cómo papá nos daba con el remo cuando nos poníamos pesados? -asentimos con la cabeza, intercambiamos miradas de nostalgia, sonriendo cariñosamente; la reacción siempre es la misma...

Aprendimos a nunca darnos por vencidos y a enfrentar la adversidad una remada a la vez. ¿Cuántas veces estuvimos en ríos anchos, cansados, cerca del atardecer, deseando llegar a la meta o campamento, y a cada nueva curva del río aparecía otro tramo y más kilómetros por recorrer? Hace rato que nadie conversa porque todos queremos sólo una cosa,

llegar, pero sabemos que depende de nosotros, de seguir esforzándonos y llegaremos. Cada minuto parecen diez y cada remada es como remar en la tierra, pero juntos lo lograremos y lo sabemos; cada mirada es un grito de aliento.

Papá tenía la costumbre de preguntar "¿Y?, ¿cómo venís?", un "¿cómo estás?". Él sabía que estábamos cansados y él también lo estaba, pero algo tan simple como eso nos daba fuerzas, sabiendo que estaba preocupado por nosotros y también rompía un poco el largo silencio producto del cansancio, quebrado únicamente por el rítmico sonido de los remos entrando y saliendo del agua.

Otras veces, ponía un ritmo para motivarnos, algo como "uno, dos, uno, dos", y por más tonto que parezca, funcionaba, especialmente en los ríos anchos, donde la sensación era de remar contra la corriente.

*****

Llevamos dentro sus palabras de aliento, junto con el calor de tantas fogatas compartidas. Encaramos la vida como él nos enseñó, un remo a la vez, hundiéndolo con más fuerza cada vez que aumenta el viento. Por más difícil que sea el río lo podemos vencer juntos, como equipo. Y, a pesar de que sus remadas ya no impulsan nuestra canoa, él está ahí, dirigiéndola a través de nuestros remos hacia aguas seguras.

AGRADECIMIENTOS

Andrés, Hernán y Fernando, hermanos y compañeros de aventuras, por ayudarme a recordar detalles sobre nuestras travesías y en el camino compartir risas y lágrimas recordando las historias.

A mamá y la abuela, que también me ayudaron a recordar, y sin las cuales ninguna fogata podría haber iluminado nuestros rostros.

Finalmente, pero no menos importante, a mi esposa Cami, sin la cual, sin su paciencia, apoyo y cariño, aquellas primeras páginas escritas a mano nunca se habrían convertido en éste libro.

ÍNDICE